Les Chiens de TRAÎNEAU

8000 ans d'histoire

Les chiens sont utilisés dans des attelages depuis très longtemps. L'homme les utilisait déjà il y a 8000 ans!

J.-C. Les archéologues ont découvert que l'abricotier, l'arbre qui produit les abricots, existait 8 000 ans av. J.-C.

Le moyen de transport traditionnel des inuits

Autrefois, les Inuits se déplaçaient presque uniquement de cette façon.

Aujourd'hui, beaucoup de gens ne peuvent se passer de leur voiture, coûte que coûte.

La fourrure

Les chiens de traîneau ont une fourrure très épaisse qui leur permet de résister à des températures de -50 °C.

À cette température, même le mercure d'un thermomètre gèle !

La longue distance

Ils peuvent parcourir jusqu'à 130 km en une journée.

C'est la distance entre les villes de Maniwaki et d'Ottawa.

Ca va vite !

Durant les 40 premiers km, la meute est capable d'atteindre une vitesse de 30 km/h. Un manchot qui nage sous l'eau atteint la même vitesse.

samoyède

groenlandais

chien inuit

Il existe cinq races de chiens de traîneau. Le samoyède, doux et affectueux, est aussi le plus jappeur des chiens de traîneau. Le malamute est un des chiens les plus puissants et les plus lourds. Pas très rapide, mais très endurant, le groenlandais est beaucoup utilisé pour les expéditions en Arctique. Le chien inuit du Canada qui ressemble beaucoup au groenlandais a tendance à être très bagarreur avec les autres chiens. Et finalement, le husky a un flair très développé. C'est comme pour nous, les humains, chaque nationalité a ses caractéristiques et coutumes spécifiques.

husky

Le musher

Le maître des chiens de traîneau est appelé le musher. L'entraîneur d'un groupe d'athlètes a le même genre de rôle que le musher.

Les chiens de barre

Les deux chiens les plus près du traîneau sont appelés les chiens de barre. Ce sont les plus puissants, car ce sont eux qui font décoller le traîneau. Comme pour les athlètes qui pratiquent la luge ou le bobsleigh en duo ou plus, le ou les athlètes qui propulsent la luge au début de la course sont les plus puissants.

Les hurlements

Les hurlements des chiens de traîneau peuvent être entendus à plus de 10 km à la ronde.

Ce qui équivaut à environ 18 fois la hauteur de la tour du CN à Toronto.

Le husky sert de bouillotte naturelle aux enfants qui vivent dans les régions arctiques. Ces enfants-là n'ont pas besoin de couvertures thermiques pour se réchauffer lors des grandes randonnées en traîneau.

Un chien de traîneau peut coûter jusqu'à 5 000 $. C'est environ 10 fois le prix d'un chien domestique.

Efforts et discipline

La vie de chien de traîneau se résume à deux mots : efforts et discipline. Pour un athlète olympique, c'est la même chose puisqu'il passe le plus clair de son temps à s'entraîner.

Durant une course, il peut arriver qu'un chien tombe malade ou qu'il soit affaibli. Le musher détache alors le chien de l'attelage et l'installe sur son traîneau pour le conduire chez le vétérinaire le plus près.

Dans de tels cas, le traîneau fait office d'ambulance.

Les chiens d'attelages sont génétiquement « programmés » pour courir devant un traîneau. Comme un « nerd » qui est programmé pour être très bon à l'école.

L’origine des courses de traîneaux à chiens vient de la Scandinavie, et ce situerait autour de 1929. En octobre 1929, il y a eu le Krach boursier. Cet événement a été le début d’une ère économique difficile pour le Canada, mais aussi pour tout le monde occidental.

Les mushers redoutent par-dessus tout l'accumulation de neige entre les coussinets des pattes de leurs chiens. C'est que cette neige durcit et provoque des lésions irréversibles. Imagine-toi marcher dans la neige, pieds nus avec de la neige et de la glace entre les orteils, pendant des heures…

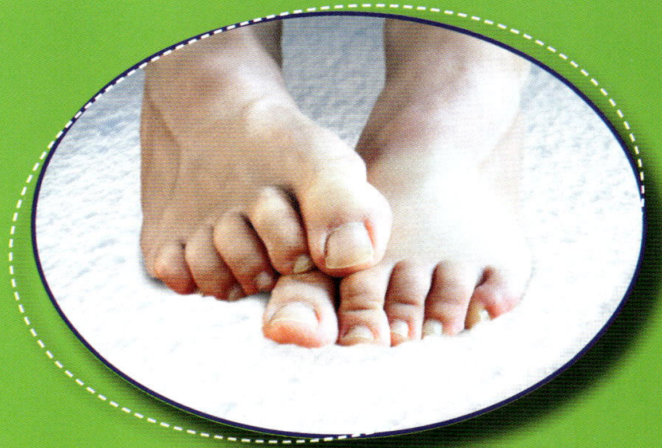

info@lesmalins.ca

Éditeur: Marc-André Audet
Textes: Katherine Mossalim
Recherche: Marie-Ève Poirier
Conception graphique et montage: Energik Communications

Dépôt légal – Bibliothèque et Archives nationales du Québec, 2009
Dépôt légal – Bibliothèque et Archives Canada, 2009

ISBN: 978-2-89657-049-2

Imprimé au Canada

Les éditions Les Malins
5372, 3ème Avenue
Montréal, Québec
H1Y 2W5